LE PROPHÈTE

KHALIL GIBRAN

Titre du livre original : The Prophet

Date de première publication du livre original : 1923

Titre de la traduction : Le Prophète (Traduction française)

Auteur original : Khalil Gibran

Traducteur : Anonyme

Éditeur : TAZIRI

Remerciements : L'Éditeur tient à remercier le traducteur anonyme, dont les compétences et efforts ont permis la traduction de ce livre en français.

Couverture : © TAZIRI, 2022.
ISBN : 9789982471381

SOMMAIRE

LA VENUE DES BREBIS

Almustafa, l'élu et le bien-aimé, qui fut une aurore pour son propre jour, avait attendu douze ans dans la ville d'Orphalese le navire qui devait revenir le ramener à l'île de sa naissance.

Et en la douzième année, au septième jour d'Ielool, le mois de la moisson, il gravit la colline hors des murs de la ville et regarda vers la mer ; et il aperçut son navire arriver dans la brume.

Alors les portes de son cœur s'ouvrirent grand, et sa joie s'envola au loin sur la mer. Et il ferma les yeux et pria dans le silence de son âme.

Mais en descendant la colline, une tristesse l'envahit, et il pensa en son cœur :

Comment partir en paix et sans douleur ? Non, ce n'est pas sans une blessure dans l'âme que je quitterai cette ville. Longues furent les journées de peine que j'ai passées entre ses murs, et longues furent les nuits de solitude ; et qui peut se séparer de sa douleur et de sa solitude sans regret ?

Trop de fragments de l'âme ai-je dispersés dans ces rues, et trop nombreux sont les enfants de mes désirs qui errent nus parmi ces collines, et je ne peux me retirer d'eux sans un poids et une douleur.

Ce n'est pas un vêtement que je quitte aujourd'hui, mais une peau que je déchire de mes propres mains.

Ce n'est pas non plus une pensée que je laisse derrière moi, mais un cœur adouci par la faim et la soif.

Cependant, je ne peux m'attarder davantage.

La mer qui appelle toutes choses vers elle m'appelle, et je dois m'embarquer.

Car rester, bien que les heures brûlent dans la nuit, c'est se figer et se cristalliser et être lié dans un moule.

Volontiers je prendrais avec moi tout ce qui est ici. Mais comment le pourrais-je ?

Une voix ne peut porter la langue et les lèvres qui lui ont donné des ailes. Seule, elle doit chercher l'éther.

Et seul, sans son nid, l'aigle volera à travers le soleil.

Lorsqu'il atteignit le pied de la colline, il se retourna à nouveau vers la mer, et il vit son navire s'approcher du port, et sur sa proue, les marins, les hommes de sa propre terre.

Et son âme leur cria, et il dit :

Fils de ma mère antique, vous les chevaucheurs des marées,

Combien de fois avez-vous navigué dans mes rêves. Et maintenant vous venez dans mon réveil, qui est mon rêve plus profond.

Je suis prêt à partir, et mon empressement, voiles pleines, attend le vent.

Encore un souffle je respirerai dans cet air immobile, encore un regard d'amour jeté en arrière,

Et alors je me tiendrai parmi vous, un marin parmi les marins. Et toi, vaste mer, mère sans sommeil,

Toi seule es paix et liberté pour le fleuve et le ruisseau,

Encore un méandre fera ce ruisseau, encore un murmure dans ce vallon,

Et alors je viendrai à toi, une goutte infinie dans un océan infini.

Et tandis qu'il marchait, il vit de loin des hommes et des femmes quitter leurs champs et leurs vignes et se hâter vers les portes de la ville.

Et il entendit leurs voix appeler son nom, et se crier de champ en champ, s'annonçant l'arrivée de son navire.

Et il se dit à lui-même :

Le jour de la séparation sera-t-il le jour du rassemblement ?

Et dira-t-on que mon crépuscule fut en vérité mon aurore ?

Et que donnerai-je à celui qui a laissé sa charrue au milieu du sillon, ou à celui qui a arrêté la roue de son pressoir ? Mon cœur deviendra-t-il un arbre chargé de fruits que je pourrais cueillir et leur donner ?

Et mes désirs couleront-ils comme une fontaine que je pourrais remplir leurs coupes ?

Suis-je une harpe que la main du puissant peut toucher, ou une flûte à travers laquelle son souffle peut passer ?

Un chercheur de silences suis-je, et quel trésor ai-je trouvé dans les silences que je puisse distribuer avec confiance ?

Si ceci est mon jour de moisson, dans quels champs ai-je semé la graine, et dans quelles saisons oubliées ?

Si cette heure est en effet celle où je lève ma lanterne, ce n'est pas ma flamme qui y brûlera.

Vide et sombre, je lèverai ma lanterne,

Et le gardien de la nuit la remplira d'huile et il l'allumera aussi.

Ces choses, il les dit en paroles. Mais beaucoup dans son cœur resta inexprimé. Car il ne pouvait lui-même révéler son plus profond secret.

Et lorsqu'il entra dans la ville, tout le peuple vint à sa rencontre, criant vers lui comme d'une seule voix.

Et les anciens de la ville s'avancèrent et dirent :

Ne nous quittez pas encore.

Vous avez été un midi dans notre crépuscule, et votre jeunesse nous a donné des rêves à rêver.

Vous n'êtes pas un étranger parmi nous, ni un invité, mais notre fils et notre bien-aimé.

Ne laissez pas nos yeux languir encore de votre visage.

Et les prêtres et les prêtresses lui dirent :

Que les vagues de la mer ne nous séparent pas maintenant, et que les années passées parmi nous ne deviennent pas un souvenir.

Vous avez marché parmi nous comme un esprit, et votre ombre a été une lumière sur nos visages.

Nous vous avons beaucoup aimé. Mais notre amour était muet, et voilé sous des voiles.

Et pourtant, il crie maintenant à haute voix vers vous, et voudrait se révéler devant vous.

Et il en a toujours été ainsi, que l'amour ne connaît pas sa propre profondeur jusqu'à l'heure de la séparation.

Et d'autres vinrent aussi le supplier. Mais il ne leur répondit pas. Il inclina seulement la tête ; et ceux qui étaient proches virent ses larmes tomber sur sa poitrine.

Et lui et le peuple avancèrent vers la grande place devant le temple.

Et une femme sortit du sanctuaire, nommée Almitra. Et elle était prophétesse.

Et il la regarda avec une tendresse infinie, car c'était elle qui, la première, avait cherché et cru en lui lorsqu'il n'était qu'un jour dans leur ville. Et elle l'accueillit en disant :

Prophète de Dieu, en quête de l'extrême, longtemps avez-vous cherché au loin votre navire.

Et maintenant votre navire est venu, et vous devez partir.

Profond est votre désir de la terre de vos souvenirs et du lieu où résident vos plus grands désirs ; et notre amour ne vous enchaînerait pas, ni nos besoins ne vous retiendraient.

Cependant, nous vous demandons, avant de nous quitter, de nous parler et de nous révéler votre vérité.

Et nous la transmettrons à nos enfants, et eux à leurs enfants, et elle ne périra pas.

Dans votre solitude, vous avez veillé sur nos jours, et dans votre veille, vous avez écouté les pleurs et les rires de notre sommeil.

Alors maintenant, révélez-nous à nous-mêmes, et dites-nous tout ce qui vous a été montré de ce qui est entre la naissance et la mort.

Et il répondit :

Peuple d'Orphalèse, de quoi puis-je parler sinon de ce qui, à cet instant même, s'agite dans vos âmes ?

DE L'AMOUR

Alors Almitra dit : Parlez-nous de l'Amour.

Et il leva la tête et regarda le peuple, et un grand silence s'abattit sur eux. Et d'une voix puissante, il dit :

Quand l'amour vous fait signe, suivez-le,

Même si ses chemins sont abrupts et escarpés.

Et lorsque ses ailes vous enveloppent, cédez à lui,

Même si l'épée cachée dans ses plumes peut vous blesser.

Et quand il vous parle, croyez en lui,

Même si sa voix peut briser vos rêves comme le vent du nord dévaste un jardin.

Car tout comme l'amour vous couronne, il doit aussi vous crucifier. Tout comme il est pour votre croissance, il est aussi pour votre émondage.

Tout comme il s'élève jusqu'à votre sommet et caresse vos branches les plus tendres qui frémissent au soleil,

Ainsi descendra-t-il jusqu'à vos racines et les ébranlera dans leur étreinte avec la terre.

Comme des gerbes de blé, il vous rassemble en lui-même.

Il vous bat pour vous mettre à nu.

Il vous tamise pour vous libérer de vos enveloppes.

Il vous broie jusqu'à la blancheur.

Il vous pétrit jusqu'à ce que vous soyez malléables ;

Et puis, il vous assigne à son feu sacré, afin que vous deveniez le pain sacré pour le festin sacré de Dieu.

Toutes ces choses, l'amour les fera pour vous afin que vous puissiez connaître les secrets de votre cœur, et en cette connaissance devenir un fragment du cœur de la Vie.

Mais si, dans votre peur, vous ne cherchez que la paix et le plaisir de l'amour,

Alors il vaut mieux pour vous couvrir votre nudité et quitter l'aire de battage de l'amour,

Pour le monde sans saisons où vous rirez, mais pas de tout votre rire, et pleurerez, mais pas de toutes vos larmes.

L'amour ne donne rien que lui-même et ne prend rien que de lui-même.

L'amour ne possède pas, ni ne veut être possédé ;

Car l'amour se suffit à lui-même.

Quand vous aimez, vous ne devriez pas dire : « Dieu est dans mon cœur », mais plutôt, « Je suis dans le cœur de Dieu. »

Et ne pensez pas que vous pouvez diriger le cours de l'amour, car l'amour, s'il vous trouve digne, dirigera votre cours.

L'amour n'a pas d'autre désir que de se réaliser.

Mais si vous aimez et devez avoir des désirs, qu'ils soient les vôtres :

Fondre et devenir comme un ruisseau qui chante sa mélodie à la nuit.

Connaître la douleur d'une trop grande tendresse.

Être blessé par votre propre compréhension de l'amour ;

Et saigner de bon gré et joyeusement.

Se réveiller à l'aube avec un cœur ailé et rendre grâce pour une autre journée d'amour ;

Se reposer à midi et méditer sur l'extase de l'amour ;

Revenir à la maison au crépuscule avec gratitude ;

Et dormir ensuite avec une prière pour le bien-aimé dans votre cœur et un chant de louange sur vos lèvres.

DU MARRIAGE

Alors Almitra parla de nouveau et dit : Et qu'en est-il du Mariage, maître ?

Et il répondit en disant :

Vous êtes nés ensemble, et ensemble vous resterez à jamais.

Vous resterez ensemble lorsque les ailes blanches de la mort disperseront vos jours.

Oui, vous serez ensemble même dans la mémoire silencieuse de Dieu.

Mais laissez de l'espace dans votre union,

Et que les vents des cieux dansent entre vous.

Aimez-vous l'un l'autre, mais ne faites pas de l'amour une entrave :

Qu'il soit plutôt une mer mouvante entre les rivages de vos âmes.

Remplissez chacun la coupe de l'autre, mais ne buvez pas à une seule coupe.

Donnez-vous l'un à l'autre de votre pain, mais ne mangez pas du même pain.

Chantez et dansez ensemble et soyez joyeux, mais laissez chacun de vous être seul,

Tout comme les cordes du luth sont seules bien qu'elles vibrent de la même musique.

Donnez vos cœurs, mais non pas à la garde l'un de l'autre.

Car seule la main de la Vie peut contenir vos cœurs.

Et restez ensemble, mais pas trop proches l'un de l'autre :

Car les piliers du temple se tiennent séparés,

Et le chêne et le cyprès ne croissent pas dans l'ombre l'un de l'autre.de

DES ENFANTS

Et une femme qui tenait un enfant contre son sein dit :
Parlez-nous des Enfants.

Et il dit :

Vos enfants ne sont pas vos enfants.

Ils sont les fils et les filles de l'appel de la Vie à elle-même.

Ils viennent à travers vous mais non de vous,

Et bien qu'ils soient avec vous, ils ne vous appartiennent pas.

Vous pouvez leur donner votre amour mais non vos pensées,

Car ils ont leurs propres pensées.

Vous pouvez abriter leurs corps mais non leurs âmes,

Car leurs âmes habitent la maison de demain, que vous ne pouvez visiter, pas même dans vos rêves.

Vous pouvez vous efforcer d'être comme eux, mais ne cherchez pas à les rendre comme vous.

Car la vie ne va pas en arrière, ni ne s'attarde avec hier.

Vous êtes les arcs à partir desquels vos enfants, tels des flèches vivantes, sont projetés.

L'Archer voit la cible sur le chemin de l'infini, et Il vous tend de Sa puissance afin que Ses flèches puissent voler vite et loin.

Que votre tension dans la main de l'Archer soit pour la joie ;

Car de même qu'Il aime la flèche qui vole, Il aime aussi l'arc qui est stable.

DU DON

Alors un homme riche dit : Parlez-nous du Don.

Et il répondit :

Vous donnez peu lorsque vous donnez de vos possessions.

C'est lorsque vous donnez de vous-mêmes que vous donnez véritablement.

Car que sont vos possessions sinon des choses que vous gardez et protégez de peur d'en avoir besoin demain ?

Et demain, qu'apportera demain au chien trop prudent qui enterre des os dans le sable sans chemin, alors qu'il suit les pèlerins vers la cité sainte ?

Et qu'est-ce que la peur du besoin sinon le besoin lui-même ?

N'est-ce pas la soif inextinguible qui naît de la crainte de manquer, même lorsque votre puits est plein ?

Il y a ceux qui donnent peu de ce qu'ils ont en abondance, et ils le donnent pour la reconnaissance, et leur désir caché gâte leurs dons.

Et il y a ceux qui ont peu et donnent tout.

Ceux-là sont les croyants en la vie et en la générosité de la vie, et leur coffre n'est jamais vide.

Il y a ceux qui donnent avec joie, et cette joie est leur récompense.

Et il y a ceux qui donnent avec douleur, et cette douleur est leur baptême.

Et il y a ceux qui donnent et ne connaissent ni douleur en donnant, ni cherchent joie, ni donnent avec conscience de vertu ;

Ils donnent comme, là-bas, le myrte respire son parfum dans l'espace.

À travers les mains de ceux-là, Dieu parle, et derrière leurs yeux Il sourit à la terre.

Il est bon de donner quand on vous le demande, mais il est mieux de donner sans qu'on vous le demande, par compréhension.

Et pour celui qui a les mains ouvertes, chercher celui qui recevra est une joie plus grande que de donner.

Et y a-t-il quoi que ce soit que vous voudriez retenir ?

Tout ce que vous avez sera donné un jour ;

Alors donnez maintenant, afin que la saison du don soit la vôtre et non celle de vos héritiers.

Vous dites souvent : « Je donnerais, mais seulement à ceux qui le méritent. »

Les arbres de votre verger ne disent pas ainsi, ni les troupeaux de vos pâturages.

Ils donnent pour vivre, car retenir, c'est périr.

Celui qui est digne de recevoir ses jours et ses nuits est certainement digne de recevoir de vous tout le reste.

Et celui qui a mérité de boire à l'océan de la vie mérite de remplir sa coupe à votre petit ruisseau.

Et quel plus grand mérite y aura-t-il que celui qui réside dans le courage et la confiance, oui, dans la charité de recevoir ?

Et qui êtes-vous pour que les hommes déchirent leur sein et dévoilent leur fierté, afin que vous puissiez voir leur valeur mise à nu et leur orgueil sans honte ?

Voyez d'abord que vous méritez d'être un donateur, et un instrument du don.

Car en vérité, c'est la vie qui donne à la vie – tandis que vous, qui vous croyez donateurs, n'êtes que témoins.

Et vous qui recevez – et vous recevez tous – ne portez pas le poids de la gratitude, de peur de poser un joug sur vous-même et sur celui qui donne.

Au contraire, élevez-vous ensemble avec le donateur sur ses dons comme sur des ailes ;

Car être trop conscient de votre dette, c'est douter de sa générosité, qui a la terre au cœur libre pour mère, et Dieu pour père.

DU FAIT DE MANGER ET

DE BOIRE

Alors un vieil homme, gardien d'une auberge, dit : Parlez-nous du fait de Manger et de Boire.

Et il dit :

Si seulement vous pouviez vivre de la fragrance de la terre et, tel un être aérien, être soutenus par la lumière.

Mais puisque vous devez tuer pour manger, et voler au nouveau-né le lait de sa mère pour étancher votre soif, que cela devienne alors un acte d'adoration.

Et que votre table soit un autel sur lequel le pur et l'innocent de la forêt et des champs sont sacrifiés pour ce qui est encore plus pur et innocent en l'homme.

Quand vous tuez une bête, dites-lui dans votre cœur :

« Par le même pouvoir qui te tue, je suis aussi tué ; et je serai aussi consommé.

Car la loi qui t'a livré entre mes mains me livrera à une main plus puissante.

Ton sang et mon sang ne sont rien d'autre que la sève qui nourrit l'arbre du ciel. »

Et lorsque vous écrasez une pomme entre vos dents, dites-lui dans votre cœur :

« Tes graines vivront dans mon corps,

Et les bourgeons de ton demain fleuriront dans mon cœur,

Et ton parfum sera mon souffle,

Et ensemble nous nous réjouirons à travers toutes les saisons. »

Et en automne, lorsque vous récoltez les raisins de vos vignes pour le pressoir, dites dans votre cœur :

« Moi aussi, je suis une vigne, et mon fruit sera récolté pour le pressoir,

Et comme le vin nouveau, je serai conservé dans des vaisseaux éternels. »

Et en hiver, lorsque vous tirez le vin, qu'il y ait dans votre cœur un chant pour chaque coupe ;

Et qu'il y ait dans ce chant un souvenir pour les jours d'automne, pour la vigne et pour le pressoir.

DU TRAVAIL

Alors un laboureur dit : Parlez-nous du Travail.

Et il répondit, disant :

Vous travaillez afin de suivre le rythme de la terre et de l'âme de la terre.

Car être oisif, c'est devenir un étranger aux saisons, et s'écarter de la procession de la vie qui avance en majesté et en soumission fière vers l'infini.

Quand vous travaillez, vous êtes une flûte à travers laquelle le murmure des heures se transforme en musique.

Qui parmi vous voudrait être un roseau, muet et silencieux, lorsque tout chante en harmonie ?

Toujours on vous a dit que le travail est une malédiction et le labeur un malheur.

Mais je vous dis que lorsque vous travaillez, vous accomplissez une partie du rêve le plus lointain de la terre, un rêve qui vous a été assigné lorsque ce rêve est né,

Et en vous livrant au labeur, vous aimez en vérité la vie,

Et aimer la vie à travers le travail, c'est être intime avec le secret le plus profond de la vie.

Mais si, dans votre souffrance, vous appelez la naissance une affliction et le soutien de la chair une malédiction inscrite sur votre front, alors je vous réponds que seul le souffle de votre front effacera ce qui y est écrit.

On vous a aussi dit que la vie est obscurité, et dans votre lassitude, vous répétez ce que les las ont dit.

Et moi, je vous dis que la vie est vraiment obscurité, sauf lorsqu'il y a élan,

Et tout élan est aveugle, sauf lorsqu'il y a savoir,

Et tout savoir est vain, sauf lorsqu'il y a travail,

Et tout travail est vide, sauf lorsqu'il y a amour ;

Et lorsque vous travaillez avec amour, vous vous liez à vous-même, et les uns aux autres, et à Dieu.

Et qu'est-ce que travailler avec amour ?

C'est tisser le tissu avec des fils tirés de votre cœur, comme si votre bien-aimé devait porter ce tissu.

C'est bâtir une maison avec affection, comme si votre bien-aimé devait habiter cette maison.

C'est semer des graines avec tendresse et récolter la moisson avec joie, comme si votre bien-aimé devait manger le fruit.

C'est insuffler à toutes choses que vous façonnez un souffle de votre propre esprit,

Et savoir que tous les morts bénis se tiennent autour de vous et vous regardent.

Souvent, j'ai entendu dire que celui qui travaille le marbre et trouve la forme de sa propre âme dans la pierre est plus noble que celui qui laboure la terre.

Et que celui qui saisit l'arc-en-ciel pour le poser sur une toile à l'image de l'homme est plus que celui qui fabrique les sandales pour nos pieds.

Mais je vous dis, non dans le sommeil mais dans l'éveil éclatant du midi, que le vent ne parle pas plus doucement aux chênes géants qu'aux plus petites lames d'herbe ;

Et seul est grand celui qui transforme la voix du vent en une chanson rendue plus douce par son propre amour.

Le travail est l'amour rendu visible.

Et si vous ne pouvez travailler avec amour mais seulement avec dégoût, il vaut mieux alors que vous quittiez votre travail et que vous vous asseyiez à la porte du temple pour prendre l'aumône de ceux qui travaillent avec joie.

Car si vous faites le pain avec indifférence, vous faites un pain amer qui n'apaise qu'à moitié la faim de l'homme.

Et si vous pressez le raisin à contre-cœur, votre rancune distille un poison dans le vin.

Et même si vous chantez comme des anges, mais que vous n'aimez pas le chant, vous fermez les oreilles des hommes aux voix du jour et aux voix de la nuit.

DE LA JOIE ET

DE LA TRISTESSE

Alors une femme dit : Parlez-nous de la Joie et de la Tristesse.

Et il répondit :

Votre joie est votre tristesse démasquée.

Et le même puits d'où jaillit votre rire a souvent été rempli de vos larmes.

Et comment en serait-il autrement ?

Plus la tristesse creuse profondément en vous, plus vous pouvez contenir de joie.

N'est-ce pas la coupe qui contient votre vin, la même qui fut brûlée dans le four du potier ?

Et n'est-ce pas le luth qui apaise votre esprit, le même bois qui fut creusé avec des couteaux ?

Quand vous êtes joyeux, regardez profondément en votre cœur, et vous verrez que c'est seulement ce qui vous a causé de la tristesse qui vous donne de la joie.

Quand vous êtes triste, regardez encore dans votre cœur, et vous verrez en vérité que vous pleurez pour ce qui fut votre délice.

Certains d'entre vous disent : « La joie est plus grande que la tristesse, » et d'autres disent : « Non, la tristesse est la plus grande. »

Mais moi je vous dis, elles sont inséparables.

Ensemble, elles viennent, et quand l'une s'assoit seule avec vous à votre table, souvenez-vous que l'autre dort sur votre lit.

En vérité, vous êtes suspendus comme des balances entre votre tristesse et votre joie.

Ce n'est que lorsque vous êtes vides que vous êtes en équilibre et au repos.

Lorsque le gardien du trésor vous soulève pour peser son or et son argent, votre joie ou votre tristesse doit nécessairement monter ou descendre.

DES MAISONS

Alors un maçon s'avança et dit : Parlez-nous des Maisons.

Et il répondit en disant :

Construisez avec vos rêves un abri dans la nature avant de bâtir une maison entre les murs de la ville.

Car de même que vous avez des retours chez vous dans le crépuscule, ainsi en est-il pour l'errant en vous, toujours lointain et solitaire.

Votre maison est votre plus grand corps.

Elle grandit au soleil et dort dans la tranquillité de la nuit ; et elle n'est pas sans rêves.

Ne rêve-t-elle pas ? Et dans ses rêves, ne quitte-t-elle pas la ville pour un bosquet ou une colline ?

Oh, si seulement je pouvais rassembler vos maisons dans ma main et, tel un semeur, les disperser dans les forêts et les prairies.

Si seulement les vallées étaient vos rues, et les chemins verts vos allées, afin que vous puissiez chercher les uns les autres à travers les vignes, et venir avec le parfum de la terre dans vos vêtements.

Mais ces choses ne sont pas encore à venir.

Dans leur peur, vos ancêtres vous ont rassemblés trop près les uns des autres. Et cette peur durera encore un peu. Un peu plus longtemps, vos murs de pierre sépareront vos foyers de vos champs.

Et dites-moi, peuple d'Orphalèse, qu'avez-vous dans ces maisons ? Et qu'est-ce que vous gardez à l'abri derrière des portes verrouillées ?

Avez-vous la paix, cette douce impulsion qui dévoile votre puissance ?

Avez-vous des souvenirs, ces arches vacillantes qui enjambent les sommets de l'esprit ?

Avez-vous la beauté, qui guide le cœur des choses façonnées en bois et en pierre vers la montagne sacrée ?

Dites-moi, avez-vous tout cela dans vos maisons ?

Ou n'y avez-vous que confort, et le désir de confort, cette chose sournoise qui entre dans la maison comme un invité, puis devient un hôte, et ensuite un maître ?

Oui, et il devient un dompteur, et avec un crochet et un fouet il fait de vos plus grands désirs des marionnettes.

Bien que ses mains soient de soie, son cœur est de fer.

Il vous berce pour vous endormir, seulement pour se tenir près de votre lit et se moquer de la dignité de la chair.

Il se moque de vos sens solides, et les pose dans des flocons de duvet comme des vases fragiles.

En vérité, le désir de confort tue la passion de l'âme, et ensuite il marche en riant à son propre enterrement.

Mais vous, enfants de l'espace, vous, agités dans le repos, vous ne serez pas piégés ni apprivoisés.

Votre maison ne sera pas une ancre mais un mât.

Elle ne sera pas une pellicule brillante qui recouvre une blessure, mais une paupière qui protège l'œil.

Vous ne plierez pas vos ailes pour passer à travers des portes, ni n'inclinerez vos têtes pour ne pas heurter un plafond, ni ne retiendrez votre souffle de peur que les murs ne se fissurent et ne tombent.

Vous ne vivrez pas dans des tombeaux faits par les morts pour les vivants.

Et bien que votre maison soit d'une magnificence et d'un éclat grandioses, elle ne retiendra pas votre secret ni n'abritera vos désirs.

Car ce qui est sans limite en vous habite le manoir du ciel, dont la porte est la brume du matin, et dont les fenêtres sont les chants et les silences de la nuit.

DES VETEMENTS

Et le tisserand dit : Parlez-nous des Vêtements.

Et il répondit :

Vos vêtements cachent une grande partie de votre beauté, mais ils ne dissimulent pas ce qui n'est pas beau.

Et bien que vous cherchiez dans les habits la liberté de la vie privée, vous pouvez y trouver un harnais et une chaîne.

Oh, si seulement vous pouviez rencontrer le soleil et le vent avec plus de votre peau et moins de vos étoffes,

Car le souffle de la vie est dans la lumière du soleil, et la main de la vie est dans le vent.

Certains parmi vous disent : « C'est le vent du nord qui a tissé les vêtements que nous portons. »

Et je dis, Oui, c'était le vent du nord,

Mais la honte était son métier à tisser, et l'assouplissement des nerfs était son fil.

Et quand son ouvrage fut terminé, il rit dans la forêt.

N'oubliez pas que la pudeur est un bouclier contre l'œil impur.

Et lorsque l'impur ne sera plus, qu'est-ce que la pudeur sinon un carcan et une souillure de l'esprit ?

Et n'oubliez pas que la terre aime sentir vos pieds nus et
que les vents aiment jouer avec vos cheveux.

DU FAIT D'ACHETER ET

DE VENDRE

Et un marchand dit : Parlez-nous du fait d'Acheter et de Vendre.

Et il répondit en disant :

À vous, la terre donne ses fruits, et vous ne manquerez de rien si vous savez seulement comment remplir vos mains.

C'est en échangeant les dons de la terre que vous trouverez l'abondance et serez satisfaits.

Mais à moins que cet échange ne se fasse avec amour et une justice bienveillante, il conduira seulement certains à la cupidité et d'autres à la faim.

Quand, sur la place du marché, vous les travailleurs de la mer, des champs et des vignes, rencontrez les tisserands, les potiers et les cueilleurs d'épices,

Invoquez alors l'esprit maître de la terre, pour qu'il vienne parmi vous sanctifier les balances et les calculs qui pèsent valeur contre valeur.

Et ne laissez pas les mains vides participer à vos transactions, ceux qui voudraient vendre leurs paroles contre votre labeur.

À de tels hommes, vous devriez dire :

« Venez avec nous aux champs, ou allez avec nos frères à la mer et jetez vos filets ;

Car la terre et la mer seront généreuses envers vous, tout comme envers nous. »

Et s'il advient que les chanteurs, les danseurs et les joueurs de flûte se présentent, achetez aussi de leurs dons.

Car eux aussi sont des cueilleurs de fruits et d'encens, et ce qu'ils apportent, bien que façonné de rêves, est un vêtement et une nourriture pour votre âme.

Et avant de quitter la place du marché, veillez à ce que personne ne parte les mains vides.

Car l'esprit maître de la terre ne reposera pas en paix sur le vent tant que les besoins du plus petit d'entre vous ne seront pas satisfaits.

DU CRIME ET DU

CHATIMENT

Alors un des juges de la ville s'avança et dit : Parlez-nous du Crime et du Châtiment.

Et il répondit, disant :

C'est lorsque votre esprit erre au gré du vent,

Que vous, seuls et sans défense, commettez une faute envers autrui, et donc envers vous-même.

Et pour cette faute commise, il vous faudra frapper à la porte des bienheureux et attendre un moment sans réponse.

Tel l'océan est votre divin moi ;

Il reste pour toujours pur.

Et tel l'éther, il n'élève que les ailes.

Et tel le soleil, il ignore les chemins de la taupe et ne cherche pas les terriers du serpent.

Mais votre divin moi ne réside pas seul en vous.

Beaucoup en vous est encore humain, et beaucoup en vous n'est pas encore humain,

Mais une forme informe qui marche en dormant dans la brume, en quête de son propre éveil.

Et c'est de l'homme en vous que je voudrais parler.

Car c'est lui, et non votre divin moi ni le pygmée dans la brume, qui connaît le crime et la punition du crime.

Souvent, je vous ai entendus parler de celui qui commet une faute comme s'il n'était pas l'un des vôtres, mais un étranger parmi vous et un intrus dans votre monde.

Mais je vous dis que tout comme le saint et le juste ne peuvent s'élever au-delà du plus haut qui est en chacun de vous,

De même, le méchant et le faible ne peuvent tomber plus bas que le plus bas qui est aussi en vous.

Et comme une feuille unique ne jaunit pas sans la silencieuse connaissance de tout l'arbre,

Ainsi le malfaiteur ne peut commettre de faute sans la volonté cachée de vous tous.

Comme une procession, vous marchez ensemble vers votre divin moi.

Vous êtes le chemin et les voyageurs.

Et lorsque l'un de vous tombe, il tombe pour ceux qui sont derrière lui, une mise en garde contre la pierre d'achoppement.

Oui, et il tombe pour ceux qui sont devant lui, qui, bien que plus rapides et plus sûrs de leurs pas, n'ont pas encore écarté la pierre d'achoppement.

Et ceci aussi, bien que le mot pèse lourd sur vos cœurs :

L'assassiné n'est pas entièrement innocent de son propre assassinat,

Et le volé n'est pas totalement sans faute dans son propre vol.

Le juste n'est pas innocent des actes du méchant,

Et celui qui a les mains blanches n'est pas propre dans les actes du criminel.

Oui, le coupable est souvent une victime de l'offensé.

Et plus souvent encore, le condamné porte le fardeau de l'innocent et de l'irréprochable.

Vous ne pouvez séparer le juste de l'injuste et le bon du méchant ;

Car ils se tiennent ensemble devant le visage du soleil, tout comme le fil noir et le fil blanc sont tissés ensemble.

Et lorsque le fil noir se brise, le tisserand examine le métier à tisser, ainsi que tout le tissu.

Si l'un de vous veut juger une femme infidèle,

Qu'il pèse aussi le cœur de son mari dans la balance, et mesure son âme avec soin.

Et que celui qui voudrait flageller l'offenseur regarde d'abord l'esprit de l'offensé.

Et si l'un de vous veut punir au nom de la droiture et abattre l'arbre du mal, qu'il examine ses racines ;

Et en vérité, il trouvera les racines du bien et du mal, du fécond et du stérile, toutes entremêlées dans le cœur silencieux de la terre.

Et vous, juges qui voudriez être justes,

Quelle sentence prononcerez-vous contre celui qui, bien que honnête en chair, est un voleur en esprit ?

Quelle peine infligerez-vous à celui qui tue dans la chair, mais est lui-même tué dans l'esprit ?

Et comment poursuivrez-vous celui qui, en actes, est un trompeur et un oppresseur,

Mais qui, aussi, est offensé et outragé ?

Et comment punirez-vous ceux dont le remords est déjà plus grand que leurs méfaits ?

Le remords n'est-il pas la justice qui est administrée par la loi même que vous voulez servir ?

Pourtant, vous ne pouvez imposer le remords à l'innocent, ni l'ôter du cœur du coupable.

Non sollicité, il viendra dans la nuit, pour que les hommes s'éveillent et se contemplent eux-mêmes.

Et vous, qui voulez comprendre la justice, comment le pourriez-vous à moins de regarder tous les actes dans la plénitude de la lumière ?

Alors seulement, vous saurez que le droit et le déchu ne sont qu'un seul homme debout dans le crépuscule entre la nuit de son moi pygmée et le jour de son moi divin,

Et que la pierre angulaire du temple n'est pas plus haute que la pierre la plus basse de sa fondation.

DES LOIS

Alors un avocat dit : Mais qu'en est-il de nos Lois, maître ?

Et il répondit :

Vous aimez établir des lois,

Mais vous aimez encore plus les enfreindre.

Comme des enfants qui jouent au bord de l'océan, vous construisez des tours de sable avec constance, puis les détruisez avec éclats de rire.

Mais pendant que vous construisez vos tours de sable, l'océan apporte encore plus de sable au rivage.

Et quand vous les détruisez, l'océan rit avec vous.

En vérité, l'océan rit toujours avec les innocents.

Mais qu'en est-il de ceux pour qui la vie n'est pas un océan, et les lois des hommes ne sont pas des tours de sable,

Mais pour qui la vie est un rocher, et la loi un ciseau avec lequel ils veulent la tailler à leur image ?

Et qu'en est-il de l'estropié qui hait les danseurs ?

Qu'en est-il du bœuf qui aime son joug et considère les cerfs et les élans de la forêt comme des vagabonds errants ?

Qu'en est-il du vieux serpent qui ne peut changer de peau et appelle tous les autres nus et sans honte ?

Et de celui qui arrive tôt au festin de mariage, et qui, repu et fatigué, s'en va en disant que tous les festins sont des violations et tous ceux qui festoient des hors-la-loi ?

Que puis-je dire de ceux-là, sinon qu'eux aussi se tiennent dans la lumière du soleil, mais de dos au soleil ?

Ils ne voient que leurs ombres, et leurs ombres sont leurs lois.

Et qu'est-ce que le soleil pour eux sinon un faiseur d'ombres ?

Et qu'est-ce que reconnaître les lois sinon se baisser pour tracer leurs ombres sur la terre ?

Mais vous qui marchez en face du soleil, quelles images tracées sur la terre peuvent vous retenir ?

Vous qui voyagez avec le vent, quelle girouette peut diriger votre course ?

Quelle loi de l'homme peut vous lier si vous brisez votre joug sans en poser un sur la porte de la prison d'un autre ?

Quelles lois devez-vous craindre si vous dansez mais ne trébuchez pas sur les chaînes de fer d'un autre ?

Et qui est-il pour vous juger si vous déchirez vos vêtements mais ne les laissez pas sur le chemin de quiconque ?

Peuple d'Orphalèse, vous pouvez assourdir le tambour, et vous pouvez desserrer les cordes de la lyre, mais qui commandera à l'alouette de ne pas chanter ?

DE LA LIBERTÉ

Alors un orateur dit : Parlez-nous de la Liberté.

Et il répondit :

Aux portes de la ville et près de votre foyer, j'ai vu que vous vous prosternez et adorez votre propre liberté,

Tout comme des esclaves s'humilient devant un tyran et le louent même s'il les tue.

Oui, dans le bosquet du temple et à l'ombre de la citadelle, j'ai vu les plus libres parmi vous porter leur liberté comme un joug et une menotte.

Et mon cœur saigna en moi ; car vous ne pouvez être libres que lorsque même le désir de chercher la liberté devient un harnais pour vous, et lorsque vous cessez de parler de liberté comme d'un but et d'un accomplissement.

Vous serez vraiment libres non lorsque vos jours seront sans souci ni vos nuits sans besoin et sans tristesse,

Mais plutôt lorsque ces choses ceindront votre vie et que vous vous élèverez au-dessus d'elles, nus et libres.

Et comment vous élèverez-vous au-delà de vos jours et de vos nuits à moins de briser les chaînes que vous, à l'aube de votre compréhension, avez attachées autour de votre heure de midi ?

En vérité, ce que vous appelez liberté est la plus forte de ces chaînes, bien que ses maillons scintillent au soleil et éblouissent vos yeux.

Et qu'est-ce que ce n'est sinon des fragments de votre propre moi que vous voudriez écarter afin de devenir libres ?

Si c'est une loi injuste que vous abolissez, cette loi a été écrite de votre propre main sur votre propre front.

Vous ne pouvez l'effacer en brûlant vos livres de lois ni en lavant les fronts de vos juges, même si vous versez la mer sur eux.

Et si c'est un despote que vous détrônez, voyez d'abord que son trône érigé en vous est détruit.

Car comment un tyran peut-il régner sur les libres et les fiers, sinon par une tyrannie dans leur propre liberté et une honte dans leur propre fierté ?

Et si c'est un souci que vous souhaitez écarter, cette charge a été choisie par vous plutôt qu'imposée à vous.

Et si c'est une peur que vous voulez dissiper, le siège de cette peur est dans votre cœur et non dans la main de l'effrayant.

En vérité, toutes choses se meuvent en vous dans une étreinte constante, le désiré et le redouté, le répugnant et le chéri, le poursuivi et ce que vous souhaitez fuir.

Ces choses se meuvent en vous comme des lumières et des ombres en paires qui s'agrippent.

Et quand l'ombre s'éteint et n'est plus, la lumière qui demeure devient l'ombre d'une autre lumière.

Et ainsi, votre liberté, lorsqu'elle se libère de ses chaînes, devient elle-même la chaîne d'une plus grande liberté.

DE LA RAISON ET DE LA

PASSION

Alors la prêtresse parla de nouveau et dit : Parlez-nous de la Raison et de la Passion.

Et il répondit en disant :

Votre âme est souvent un champ de bataille où votre raison et votre jugement livrent combat à votre passion et à vos appétits.

Oh, si seulement je pouvais être le pacificateur de votre âme, que je puisse transformer la discorde et la rivalité de vos éléments en unité et en mélodie.

Mais comment le pourrais-je, à moins que vous ne soyez aussi vous-mêmes les pacificateurs, non pas seulement les amants de tous vos éléments ?

Votre raison et votre passion sont le gouvernail et les voiles de votre âme navigante.

Si vos voiles ou votre gouvernail se brisent, vous ne ferez que dériver ou rester immobile au milieu des mers.

Car la raison, qui règne seule, est une force restrictive ;

Et la passion, laissée sans surveillance, est une flamme qui se consume jusqu'à sa propre extinction.

Que votre âme exalte donc votre raison jusqu'à la hauteur de la passion, afin qu'elle chante.

Et que votre passion dirige votre raison, afin que votre passion puisse vivre sa résurrection quotidienne, et comme le phénix, s'élever au-dessus de ses propres cendres.

Je voudrais que vous considériez votre jugement et vos appétits comme deux hôtes aimés dans votre maison.

Certainement, vous n'honorerez pas un hôte plus que l'autre ;

Car celui qui est plus attentif à l'un perd l'amour et la confiance des deux.

Quand, parmi les collines, vous êtes assis à l'ombre fraîche des peupliers blancs, partageant la paix et la sérénité des champs et des prés lointains, alors que votre cœur dise en silence : « Dieu repose dans la raison. »

Et quand vient la tempête, et que le vent puissant ébranle la forêt, et que le tonnerre et l'éclair proclament la majesté du ciel, alors que votre cœur dise avec crainte : « Dieu agit dans la passion. »

Et puisque vous êtes un souffle dans la sphère de Dieu et une feuille dans la forêt de Dieu,

Vous aussi devriez reposer dans la raison et agir avec passion.

DE LA DOULEUR

Alors une femme parla, disant : Parlez-nous de la Douleur.

Et il dit :

Votre douleur est la cassure de la coquille qui enferme votre compréhension.

De même que le noyau du fruit doit se briser pour que son cœur puisse se tenir au soleil, ainsi devez-vous connaître la douleur.

Et si vous pouviez garder votre cœur dans l'émerveillement face aux miracles quotidiens de votre vie, votre douleur ne vous semblerait pas moins merveilleuse que votre joie ;

Et vous accepteriez les saisons de votre cœur, de même que vous avez toujours accepté les saisons qui passent sur vos champs.

Et vous regarderiez avec sérénité à travers les hivers de votre chagrin.

Beaucoup de votre douleur est choisie par vous-mêmes.

C'est la potion amère par laquelle le médecin en vous guérit votre moi malade.

Faites donc confiance au médecin, et buvez son remède en silence et dans la tranquillité :

Car sa main, bien qu'alourdie et rude, est guidée par la tendre main de l'Invisible,

Et la coupe qu'il vous tend, bien qu'elle brûle vos lèvres, a été façonnée avec l'argile que le Potier a mouillée de ses propres larmes sacrées.

DE LA CONNAISSANCE

DE SOI

Alors un homme dit : Parlez-nous de la Connaissance de Soi.

Et il répondit, disant :

Vos cœurs connaissent en silence les secrets des jours et des nuits.

Mais vos oreilles ont soif du son de cette connaissance de votre cœur.

Vous voudriez connaître en paroles ce que vous avez toujours su en pensée.

Vous voudriez toucher du doigt le corps nu de vos rêves.

Et il est bien ainsi que vous le fassiez.

Le puits caché de votre âme doit jaillir et couler en murmurant vers la mer ;

Et le trésor de vos profondeurs infinies se révélera à vos yeux.

Mais qu'il n'y ait pas de balances pour peser votre trésor inconnu ;

Et ne cherchez pas la profondeur de votre connaissance avec un bâton ou une ligne de sonde.

Car le soi est une mer sans bornes et sans mesures.

Ne dites pas : « J'ai trouvé la vérité », mais plutôt : « J'ai trouvé une vérité. »

Ne dites pas : « J'ai découvert le chemin de l'âme. » Dites plutôt : « J'ai rencontré l'âme marchant sur mon chemin. »

Car l'âme marche sur tous les chemins.

L'âme ne marche pas sur une ligne, ni ne croît comme un roseau.

L'âme se déploie, comme un lotus aux innombrables pétales.

DE L'ENSIGNEMENT

Alors un enseignant dit : Parlez-nous de l'Enseignement.

Et il dit :

Aucun homme ne peut vous révéler quoi que ce soit, si ce n'est ce qui repose déjà à demi endormi dans l'aube de votre connaissance.

Le maître qui marche dans l'ombre du temple parmi ses disciples ne donne pas de sa sagesse, mais plutôt de sa foi et de son amour.

S'il est vraiment sage, il ne vous invite pas à entrer dans la maison de sa sagesse, mais vous conduit plutôt au seuil de votre propre esprit.

L'astronome peut vous parler de sa compréhension de l'espace, mais il ne peut pas vous donner sa compréhension.

Le musicien peut chanter pour vous du rythme qui est dans tout espace, mais il ne peut pas vous donner l'oreille qui capte le rythme, ni la voix qui l'écho.

Et celui qui est versé dans la science des nombres peut vous parler des régions du poids et de la mesure, mais il ne peut pas vous y conduire.

Car la vision d'un homme ne prête pas ses ailes à un autre homme.

Et tout comme chacun de vous se tient seul dans la connaissance de Dieu,

Ainsi chacun de vous doit être seul dans sa connaissance de Dieu et dans sa compréhension de la terre.

DE L'AMITIÉ

Alors un jeune homme dit : Parlez-nous de l'Amitié.

Et il répondit en disant :

Votre ami est la réponse à vos besoins.

Il est le champ que vous ensemencez avec amour et moissonnez avec reconnaissance.

Et il est votre table et votre foyer.

Car vous venez à lui avec votre faim, et vous le cherchez pour la paix.

Lorsque votre ami parle franchement, vous ne craignez pas le « non » dans votre esprit, ni ne retenez le « oui ».

Et quand il est silencieux, votre cœur ne cesse pas d'écouter son cœur ;

Car sans paroles, en amitié, toutes pensées, tous désirs, toutes attentes naissent et sont partagés dans une joie silencieuse.

Quand vous vous séparez de votre ami, vous ne vous affligez pas ;

Car ce que vous aimez le plus en lui peut devenir plus clair en son absence, comme la montagne au grimpeur est plus nette depuis la plaine.

Et que dans l'amitié il n'y ait pas d'autre but que l'approfondissement de l'esprit.

Car l'amour qui cherche autre chose que la révélation de son propre mystère n'est pas amour mais un filet jeté, et seul l'inutile est pris.

Et donnez à votre ami le meilleur de vous-même.

S'il doit connaître la décrue de votre marée, qu'il en connaisse aussi le flot.

Car qu'est-ce qu'un ami si vous le cherchez pour tuer le temps ?

Cherchez-le toujours pour les heures à vivre.

Car c'est lui qui comble vos besoins, mais non votre vide.

Et dans la douceur de l'amitié, qu'il y ait des rires et le partage des plaisirs.

Car dans la rosée des petites choses, le cœur trouve son matin et se rafraîchit.

DE LA PAROLE

Alors un érudit dit : Parlez-nous de la Parole.

Et il répondit, disant :

Vous parlez lorsque vous n'êtes plus en paix avec vos pensées ;

Et lorsque vous ne pouvez plus habiter la solitude de votre cœur, vous vivez dans vos lèvres, et le son devient un divertissement et un passe-temps.

Et dans beaucoup de vos paroles, la pensée est à moitié assassinée.

Car la pensée est un oiseau de l'espace, qui, dans une cage de mots, peut déployer ses ailes mais ne peut pas voler.

Il y a ceux parmi vous qui cherchent les bavards par peur d'être seuls.

Le silence de la solitude révèle à leurs yeux leur moi nu, et ils voudraient fuir.

Et il y a ceux qui parlent, et sans savoir ni préméditation, révèlent une vérité qu'eux-mêmes ne comprennent pas.

Et il y a ceux qui portent en eux la vérité, mais ne la disent pas en paroles.

Dans le sein de tels êtres, l'esprit habite en silence rythmique.

Lorsque vous rencontrez votre ami sur le chemin ou sur la place du marché, laissez l'esprit en vous mouvoir vos lèvres et diriger votre langue.

Laissez la voix dans votre voix parler à l'oreille de son oreille ;

Car son âme gardera la vérité de votre cœur comme le goût du vin est gardé dans la mémoire,

Quand la couleur est oubliée et que le vase n'est plus.

DU TEMPS

Alors un astronome dit : Maître, parlez-nous du Temps.

Et il répondit :

Vous voudriez mesurer le temps, l'immesurable et l'incommensurable.

Vous ajusteriez votre conduite et dirigeriez même le cours de votre esprit selon les heures et les saisons.

Du temps, vous feriez un ruisseau sur la rive duquel vous vous assoiriez pour regarder son écoulement.

Pourtant, l'intemporel en vous est conscient de l'intemporalité de la vie,

Et sait que le passé n'est qu'un souvenir du présent et que l'avenir est le rêve du présent.

Et ce qui chante et médite en vous demeure toujours dans les limites de ce premier moment qui a dispersé les étoiles dans l'espace.

Qui parmi vous ne sent pas que son pouvoir d'aimer est sans limite ?

Et pourtant, qui ne ressent pas cet amour, bien qu'illimité, contenu au centre de son être, et ne passant pas de la pensée d'amour à une autre pensée d'amour, ni d'un acte d'amour à un autre ?

Et n'est-ce pas le temps, comme l'amour, indivisible et sans mesure ?

Mais si, dans votre pensée, vous devez mesurer le temps en saisons, que chaque saison englobe toutes les autres saisons.

Et que l'aujourd'hui embrasse le passé avec un souvenir et l'avenir avec un désir.

DU BIEN ET DU MAL

Alors l'un des anciens de la ville dit : Parlez-nous du Bien et du Mal.

Et il répondit :

Je peux parler du bien en vous, mais non du mal.

Car qu'est-ce que le mal sinon le bien torturé par sa propre faim et sa propre soif ?

En vérité, lorsque le bien a faim, il cherche de la nourriture même dans des cavernes obscures, et lorsqu'il a soif, il boit même des eaux stagnantes.

Vous êtes bons lorsque vous êtes en harmonie avec vous-mêmes.

Pourtant, lorsque vous n'êtes pas en harmonie avec vous-mêmes, vous n'êtes pas mauvais.

Car une maison divisée n'est pas un repaire de voleurs ; elle est seulement une maison divisée.

Et un navire sans gouvernail peut errer sans but parmi des îles périlleuses, mais ne sombrera pas au fond de l'océan.

Vous êtes bons lorsque vous vous efforcez de donner de vous-mêmes.

Pourtant, vous n'êtes pas mauvais lorsque vous cherchez un gain pour vous-mêmes.

Car lorsque vous vous efforcez de gagner, vous n'êtes qu'une racine qui s'accroche à la terre et en suce le sein.

Assurément, le fruit ne peut pas dire à la racine : « Sois comme moi, mûr et plein, et donne toujours de ton abondance. »

Car pour le fruit, donner est un besoin, tout comme recevoir est un besoin pour la racine.

Vous êtes bons lorsque vous êtes pleinement éveillés dans votre discours,

Mais vous n'êtes pas mauvais lorsque vous dormez tandis que votre langue s'égare sans but.

Et même un discours balbutiant peut renforcer une langue faible.

Vous êtes bons lorsque vous marchez fermement vers votre but avec des pas audacieux.

Pourtant, vous n'êtes pas mauvais lorsque vous y allez en boitant.

Même ceux qui boitent ne reculent pas.

Mais vous, les forts et les rapides, veillez à ne pas boiter devant les boiteux, croyant faire preuve de bonté.

Vous êtes bons de mille manières, et vous n'êtes pas mauvais lorsque vous n'êtes pas bons,

Vous êtes seulement paresseux et indolents.

Pitié que les cerfs ne puissent enseigner la rapidité aux tortues.

Dans votre désir de votre moi gigantesque réside votre bonté : et ce désir est en chacun de vous.

Mais chez certains, ce désir est un torrent qui se précipite avec force vers la mer, emportant les secrets des collines et les chants des forêts.

Et chez d'autres, c'est un ruisseau calme qui se perd dans des angles et des méandres et s'attarde avant d'atteindre le rivage.

Mais que celui qui désire beaucoup ne dise pas à celui qui désire peu : « Pourquoi es-tu si lent et hésitant ? »

Car le vraiment bon ne demande pas au nu : « Où est ton vêtement ? » ni au sans-abri : « Qu'est-il arrivé à ta maison ? »

DE LA PRIÈRE

Alors une prêtresse dit : Parlez-nous de la Prière.

Et il répondit, disant :

Vous priez dans votre détresse et dans votre besoin ;

Puissiez-vous aussi prier dans la plénitude de votre joie et dans vos jours d'abondance.

Car qu'est-ce que la prière sinon l'expansion de vous-mêmes dans l'éther vivant ?

Et si c'est pour votre réconfort que vous versez votre obscurité dans l'espace, c'est aussi pour votre délice que vous y déversez l'aube de votre cœur.

Et si vous ne pouvez pleurer que lorsque votre âme vous appelle à prier, elle devrait encore vous pousser à prier, même en pleurant, jusqu'à ce que vous veniez en riant.

Lorsque vous priez, vous vous élevez pour rencontrer dans l'air ceux qui prient à cette même heure, et que vous ne pourriez rencontrer autrement qu'en prière.

Que votre visite dans ce temple invisible ne soit que pour l'extase et la douce communion.

Car si vous entrez dans ce temple pour ne demander que, vous ne recevrez pas.

Et si vous y entrez pour vous humilier, vous ne serez pas élevé ;

Ou même si vous y entrez pour supplier pour le bien des autres, vous ne serez pas entendu.

Il suffit que vous entriez dans le temple invisible.

Je ne peux pas vous enseigner à prier en paroles.

Dieu n'écoute pas vos mots, sauf lorsqu'Il les prononce Lui-même à travers vos lèvres.

Et je ne peux pas vous enseigner la prière des mers, des forêts et des montagnes.

Mais vous, nés des montagnes, des forêts et des mers, pouvez trouver leur prière dans vos cœurs,

Et si vous écoutez dans la quiétude de la nuit, vous les entendrez dire en silence :

« Notre Dieu, qui es notre moi ailé, c'est Ta volonté en nous qui veut.

C'est Ton désir en nous qui désire.

C'est Ton élan en nous qui voudrait transformer nos nuits, qui sont Tiennes, en jours, qui sont aussi Tiennes.

Nous ne pouvons rien Te demander, car Tu connais nos besoins avant qu'ils ne naissent en nous.

Tu es notre besoin, et en nous donnant plus de Toi-même, Tu nous donnes tout. »

DU PLAISIR

Alors un ermite, qui visitait la ville une fois par an, s'avança et dit : Parlez-nous du Plaisir.

Et il répondit, disant :

Le plaisir est un chant de liberté,

Mais ce n'est pas la liberté.

C'est l'éclosion de vos désirs,

Mais ce n'est pas leur fruit.

C'est un appel du profond vers un sommet,

Mais ce n'est ni le profond ni le haut.

C'est l'envol du captif,

Mais ce n'est pas l'espace qu'il embrasse.

Oui, en vérité, le plaisir est un chant de liberté.

Et je voudrais que vous le chantiez de tout votre cœur ; mais je ne voudrais pas que votre cœur se perde dans le chant.

Certains de vos jeunes cherchent le plaisir comme s'il contenait tout, et ils sont jugés et réprimandés.

Je ne les jugerais pas, ni ne les réprimanderais. Je voudrais qu'ils cherchent,

Car ils trouveront le plaisir, mais pas elle seule ;

Sept sont ses sœurs, et la plus petite d'entre elles est plus belle que le plaisir.

N'avez-vous pas entendu parler de l'homme qui creusait la terre pour des racines et trouva un trésor ?

Et certains parmi vos anciens se souviennent des plaisirs avec regret, comme s'ils avaient commis des torts en étant ivres.

Mais le regret est une confusion de l'esprit, non son châtiment.

Ils devraient se souvenir de leurs plaisirs avec gratitude, comme ils se rappelleraient une récolte d'été.

Pourtant, si cela les réconforte de regretter, qu'ils soient réconfortés.

Et il y a parmi vous ceux qui ne sont ni jeunes pour chercher ni âgés pour se souvenir ;

Et dans leur peur de chercher et de se souvenir, ils évitent tous les plaisirs, de peur de négliger l'esprit ou de l'offenser.

Mais même dans leur renoncement se trouve leur plaisir.

Et ainsi, eux aussi trouvent un trésor, bien qu'ils creusent pour des racines avec des mains tremblantes.

Mais dites-moi, qui est celui qui peut offenser l'esprit ?

Le rossignol offense-t-il le calme de la nuit, ou la luciole les étoiles ?

Et votre flamme ou votre fumée peut-elle alourdir le vent ?

Pensez-vous que l'esprit est une mare tranquille que vous pourriez troubler avec un bâton ?

Souvent, en vous refusant le plaisir, vous ne faites que le stocker dans les recoins de votre être.

Qui sait si ce qui semble omis aujourd'hui n'attend pas demain ?

Même votre corps connaît son héritage et son besoin légitime et ne se laissera pas tromper.

Et votre corps est la harpe de votre âme,

Et il vous appartient d'en tirer une musique douce ou des sons confus.

Et maintenant, vous vous demandez dans votre cœur : « Comment distinguer ce qui est bon dans le plaisir de ce qui ne l'est pas ? »

Allez dans vos champs et vos jardins, et vous apprendrez que le plaisir de l'abeille est de recueillir le nectar de la fleur,

Mais aussi que le plaisir de la fleur est de céder son nectar à l'abeille.

Car pour l'abeille, une fleur est une fontaine de vie,

Et pour la fleur, une abeille est un messager d'amour,

Et pour les deux, donner et recevoir du plaisir est un besoin et une extase.

Peuple d'Orphalèse, soyez dans vos plaisirs comme les fleurs et les abeilles.

DE LA BEAUTÉ

Alors un poète dit : Parlez-nous de la Beauté.

Et il répondit :

Où chercherez-vous la beauté, et comment la trouverez-vous, à moins qu'elle-même ne soit votre chemin et votre guide ?

Et comment parlerez-vous d'elle, à moins qu'elle ne tisse votre discours ?

Les accablés et les blessés disent : « La beauté est douce et tendre.

Comme une jeune mère, à moitié timide de sa propre gloire, elle marche parmi nous. »

Et les passionnés disent : « Non, la beauté est une chose de puissance et de terreur.

Comme la tempête, elle ébranle la terre sous nous et le ciel au-dessus de nous. »

Les fatigués et les las disent : « La beauté est un murmure doux. Elle parle dans notre esprit.

Sa voix cède à nos silences comme une lumière tremblante qui vacille dans la peur de l'ombre. »

Mais les agités disent : « Nous l'avons entendue crier parmi les montagnes,

Et avec ses cris venaient le bruit des sabots, le battement des ailes et le rugissement des lions. »

La nuit, les veilleurs de la ville disent : « La beauté se lèvera avec l'aube à l'est. »

Et à midi, les voyageurs et les travailleurs disent : « Nous l'avons vue se pencher sur la terre depuis les fenêtres du couchant. »

En hiver, disent ceux qui sont enfermés par la neige : « Elle viendra avec le printemps bondissant sur les collines. »

Et dans la chaleur de l'été, les moissonneurs disent : « Nous l'avons vue danser avec les feuilles d'automne, et nous avons vu une traînée de neige dans ses cheveux. »

Toutes ces choses, vous les avez dites de la beauté,

Pourtant, en vérité, vous n'avez pas parlé d'elle, mais de besoins insatisfaits.

Et la beauté n'est pas un besoin, mais une extase.

Ce n'est pas une bouche assoiffée, ni une main vide tendue,

Mais plutôt un cœur enflammé et une âme enchantée.

Ce n'est pas l'image que vous voyez, ni la chanson que vous entendez,

Mais plutôt une image que vous voyez même en fermant les yeux, et une chanson que vous entendez même en fermant les oreilles.

Ce n'est pas la sève dans l'écorce sillonnée, ni une aile attachée à une griffe,

Mais plutôt un jardin éternellement en floraison et un vol d'anges pour toujours en plein essor.

Peuple d'Orphalèse, la beauté est la vie lorsqu'elle dévoile son visage sacré.

Mais vous êtes la vie et vous êtes le voile.

La beauté est l'éternité se contemplant dans un miroir.

Mais vous êtes l'éternité, et vous êtes le miroir.

DE LA RELIGION

Alors un vieux prêtre dit : Parlez-nous de la Religion.

Et il dit :

Ai-je parlé d'autre chose aujourd'hui ?

La religion n'est-elle pas tous les actes et toutes les réflexions,

Et ce qui n'est ni acte ni réflexion, mais un émerveillement et une surprise jaillissant sans cesse dans l'âme, même lorsque les mains taillent la pierre ou tendent le métier ?

Qui peut séparer sa foi de ses actions, ou sa croyance de ses occupations ?

Qui peut étendre ses heures devant lui, en disant : « Celles-ci sont pour Dieu, et celles-là pour moi-même ; Ces heures sont pour mon âme, et ces autres pour mon corps » ?

Toutes vos heures sont des ailes qui battent dans l'espace d'un moi à un autre moi.

Celui qui porte sa moralité comme son plus beau vêtement ferait mieux de se tenir nu.

Le vent et le soleil ne perceront pas sa peau.

Et celui qui définit sa conduite par l'éthique emprisonne son oiseau chanteur dans une cage.

Le chant le plus libre ne vient pas à travers des barreaux et des fils de fer.

Et celui pour qui le culte est une fenêtre, à ouvrir mais aussi à fermer, n'a pas encore visité la maison de son âme dont les fenêtres vont de l'aube à l'aube.

Votre vie quotidienne est votre temple et votre religion.

Chaque fois que vous y entrez, prenez tout avec vous.

Prenez la charrue, la forge, le marteau et la lyre,

Les choses que vous avez façonnées dans la nécessité ou pour le plaisir.

Car en rêverie, vous ne pouvez vous élever au-dessus de vos réalisations, ni tomber plus bas que vos échecs.

Et prenez avec vous tous les hommes :

Car dans l'adoration, vous ne pouvez voler plus haut que leurs espoirs, ni vous abaisser plus bas que leurs désespoirs.

Et si vous voulez connaître Dieu, ne soyez pas donc un déchiffreur d'énigmes.

Regardez plutôt autour de vous, et vous Le verrez jouer avec vos enfants.

Et regardez dans l'espace ; vous Le verrez marcher dans le nuage, tendre Ses bras dans l'éclair et descendre dans la pluie.

Vous Le verrez sourire dans les fleurs, puis s'élever et agiter Ses mains dans les arbres.

DE LA MORT

Alors Almitra parla, disant : Nous voudrions maintenant vous interroger sur la Mort.

Et il dit :

Vous voudriez connaître le secret de la mort.

Mais comment le découvririez-vous, à moins de le chercher dans le cœur de la vie ?

Le hibou, dont les yeux nocturnes sont aveugles au jour, ne peut dévoiler le mystère de la lumière.

Si vous voulez vraiment contempler l'esprit de la mort, ouvrez grand votre cœur au corps de la vie.

Car la vie et la mort sont une, tout comme la rivière et la mer sont une.

Dans la profondeur de vos espoirs et de vos désirs repose votre silencieuse connaissance de l'au-delà ;

Et comme des graines rêvant sous la neige, votre cœur rêve du printemps.

Ayez confiance en ces rêves, car en eux est cachée la porte de l'éternité.

Votre peur de la mort n'est que le tremblement du berger lorsque le roi se tient devant lui, et que sa main va se poser sur lui en signe d'honneur.

Le berger n'est-il pas joyeux, sous son tremblement, de porter la marque du roi ?

Pourtant, n'est-il pas plus conscient de son tremblement ?

Car qu'est-ce que mourir, sinon se tenir nu dans le vent et se fondre dans le soleil ?

Et qu'est-ce que cesser de respirer, sinon libérer le souffle de ses marées agitées, afin qu'il puisse s'élever, se dilater et chercher Dieu sans entraves ?

Seulement lorsque vous aurez bu à la rivière du silence, vous chanterez vraiment.

Et lorsque vous aurez atteint le sommet de la montagne, alors vous commencerez à gravir le chemin.

Et lorsque la terre réclamera vos membres, alors vous danserez véritablement.

L'ADIEU

Et maintenant, c'était le soir.

Et Almitra, la voyante, dit : Béni soit ce jour et ce lieu, et ton esprit qui a parlé.

Et il répondit :
Était-ce moi qui ai parlé ? N'étais-je pas aussi un auditeur ?

Puis il descendit les marches du temple, et tout le peuple le suivit. Et il atteignit son navire et se tint sur le pont.
Et faisant face au peuple encore une fois, il leva la voix et dit :

Peuple d'Orphalèse, le vent me commande de vous quitter.
Je suis moins pressé que le vent, pourtant je dois partir.

Nous, les errants, toujours en quête du chemin le plus solitaire, ne commençons aucun jour là où nous avons terminé un autre jour ; et aucun lever de soleil ne nous trouve là où le coucher nous a laissés.
Même pendant que la terre dort, nous voyageons.

Nous sommes les graines de la plante tenace, et c'est dans notre maturité et dans notre plénitude de cœur que nous sommes donnés au vent et dispersés.

Brèves furent mes journées parmi vous, et plus brèves encore les paroles que j'ai prononcées.
Mais si ma voix s'éteint dans vos oreilles et mon amour disparaît dans votre mémoire, alors je reviendrai,
Et avec un cœur plus riche et des lèvres plus dociles à

l'esprit, je parlerai.

Oui, je reviendrai avec la marée,

Et bien que la mort puisse me cacher, et que le grand silence m'enveloppe, je chercherai encore votre compréhension.

Et ce ne sera pas en vain que je chercherai.

Si quelque chose que j'ai dit est vérité, cette vérité se révélera d'elle-même dans une voix plus claire, et dans des mots plus proches de vos pensées.

Je pars avec le vent, peuple d'Orphalèse, mais non vers le néant ;

Et si ce jour n'est pas un accomplissement de vos besoins et de mon amour, alors qu'il soit une promesse jusqu'à un autre jour.

Les besoins des hommes changent, mais non leur amour, ni leur désir que leur amour satisfasse leurs besoins.

Sachez donc que depuis le grand silence je reviendrai.

La brume qui s'éloigne à l'aube, ne laissant que la rosée sur les champs, s'élèvera et se rassemblera en nuage, puis retombera en pluie.

Et je n'ai pas été autrement que cette brume.

Dans le calme de la nuit, j'ai marché dans vos rues, et mon esprit est entré dans vos maisons,

Et vos battements de cœur étaient dans mon cœur, et votre souffle sur mon visage, et je vous ai tous connus.

Oui, j'ai connu vos joies et vos douleurs, et dans votre sommeil vos rêves étaient mes rêves.

Et souvent j'étais parmi vous comme un lac parmi les montagnes.

J'ai reflété vos sommets et vos pentes inclinées, et même les troupeaux passants de vos pensées et de vos désirs.

Et à mon silence venait le rire de vos enfants en ruisseaux, et le désir de vos jeunes gens en rivières.

Et lorsqu'ils atteignaient mes profondeurs, les ruisseaux et les rivières ne cessaient pas encore de chanter.

Mais plus doux encore que le rire et plus grand que le désir, ce qui m'est venu,
C'était l'infini en vous ;
L'homme vaste en qui vous êtes tous cellules et nerfs ;
Lui dans le chant duquel tous vos chants ne sont qu'un battement silencieux.

C'est en l'homme vaste que vous êtes vastes,
Et en le contemplant que je vous ai contemplés et aimés.
Car quelles distances l'amour peut-il atteindre qui ne sont pas dans cette sphère infinie ?
Quelles visions, quelles attentes et quelles présomptions peuvent dépasser ce vol ?

Tel un chêne géant couvert de fleurs de pommier est l'homme vaste en vous.
Sa force vous lie à la terre, son parfum vous élève dans l'espace, et dans sa durabilité, vous êtes immortels.

On vous a dit que, semblable à une chaîne, vous êtes aussi faibles que votre maillon le plus faible.
Cela n'est qu'à moitié vrai. Vous êtes aussi forts que votre maillon le plus fort.
Mesurer vos actes par vos plus petites actions, c'est estimer la puissance de l'océan par la fragilité de son écume.
Vous juger par vos échecs, c'est blâmer les saisons pour leur inconstance.

Oui, vous êtes comme l'océan,
Et bien que de lourds navires s'ancrent sur vos rivages en attente de la marée, comme l'océan, vous ne pouvez hâter vos marées.

Et comme les saisons, vous êtes également,
Et bien qu'en hiver vous reniiez votre printemps,

Le printemps, reposant en vous, sourit dans sa somnolence et ne s'offense pas.

Ne croyez pas que je dis ces choses pour que vous disiez l'un à l'autre : « Il nous a bien loués. Il n'a vu que le bien en nous. »
Je ne parle à vous qu'en paroles de ce que vous connaissez déjà en pensée.
Et qu'est-ce que le savoir en paroles sinon une ombre du savoir sans paroles ?

Vos pensées et mes paroles sont des vagues d'une mémoire scellée qui garde les archives de nos hier,
Et des jours anciens où la terre ne se connaissait pas elle-même, ni ne nous connaissait.

Des sages sont venus parmi vous pour vous donner de leur sagesse. Je suis venu pour prendre de votre sagesse :
Et voici que j'ai trouvé ce qui est plus grand que la sagesse.
C'est une flamme en vous, toujours en quête de plus d'elle-même,
Tandis que vous, inconscients de son expansion, vous plaignez du flétrissement de vos jours.

C'est la vie en quête de vie dans des corps qui craignent la tombe.

Il n'y a pas de tombes ici.
Ces montagnes et ces plaines sont un berceau et une pierre de départ.
Chaque fois que vous passez près du champ où vous avez enterré vos ancêtres, regardez bien, et vous y verrez vos enfants danser main dans la main.

En vérité, souvent vous festoyez sans le savoir.

D'autres sont venus à vous, à qui, pour de belles promesses faites à votre foi, vous avez donné des richesses, du pouvoir et de la gloire.
Moins qu'une promesse je vous ai donné, et pourtant vous

avez été plus généreux envers moi.

Vous m'avez donné ma soif plus profonde de la vie.

Il n'y a sûrement pas de don plus grand à un homme que celui qui transforme tous ses désirs en lèvres desséchées, et toute sa vie en une fontaine.

Et en cela réside mon honneur et ma récompense :
Que chaque fois que je viens à la fontaine pour boire, je trouve l'eau vivante elle-même assoiffée ;
Et elle me boit pendant que je la bois.

Certains d'entre vous m'ont jugé fier et trop réservé pour accepter des dons.
Trop fier, je le suis en effet, pour accepter des salaires, mais non des dons.

Et bien que j'aie mangé des baies parmi les collines alors que vous auriez voulu me faire asseoir à votre table,
Et dormi sous le portique du temple alors que vous auriez volontiers partagé vos abris,
Ce n'est pas votre sollicitude aimante de mes jours et de mes nuits qui a rendu la nourriture douce à ma bouche et qui a entouré mon sommeil de visions ?

C'est pour cela que je vous bénis le plus :
Vous donnez beaucoup, et vous ne savez même pas que vous donnez.

En vérité, la bonté qui se contemple dans un miroir se change en pierre,
Et une bonne action qui se nomme elle-même par des noms tendres devient le parent d'une malédiction.

Et certains d'entre vous m'ont appelé distant, et ivre de ma propre solitude,
Et vous avez dit : « Il tient conseil avec les arbres de la forêt, mais pas avec les hommes.
Il s'assoit seul sur les sommets des collines et contemple notre ville d'en bas. »

Il est vrai que j'ai gravi les collines et marché dans des lieux éloignés.
Comment aurais-je pu vous voir, sinon d'une grande hauteur ou d'une grande distance ?
Comment peut-on être proche à moins d'avoir été loin ?

Et d'autres parmi vous m'ont appelé, non en paroles, mais dans leurs cœurs, et ont dit :
« Étranger, étranger, amoureux de hauteurs inaccessibles, pourquoi habites-tu parmi les sommets où les aigles construisent leurs nids ?
Pourquoi cherches-tu l'inaccessible ?
Quelles tempêtes voudrais-tu piéger dans tes filets,
Et quels oiseaux vaporeux chasses-tu dans le ciel ?
Viens et sois des nôtres.
Descends et apaise ta faim avec notre pain et étanche ta soif avec notre vin. »

Dans la solitude de leurs âmes, ils ont dit ces choses ;
Mais si leur solitude avait été plus profonde, ils auraient su que je ne cherchais que le secret de leur joie et de leur douleur,
Et que je ne chassais que leurs plus grands moi qui marchent dans le ciel.

Mais le chasseur était aussi le chassé ;
Car beaucoup de mes flèches ont quitté mon arc pour chercher ma propre poitrine.
Et le volant était aussi le rampant ;
Car lorsque mes ailes se déployaient au soleil, leur ombre sur la terre était une tortue.

Et moi, le croyant, j'étais aussi le douteur ;
Car souvent j'ai mis mon doigt dans ma propre blessure pour avoir une foi plus grande en vous et une connaissance plus profonde de vous.

Et c'est avec cette foi et cette connaissance que je dis :
Vous n'êtes pas enfermés dans vos corps, ni confinés à des maisons ou à des champs.
Ce qui est vous habite au-dessus de la montagne et erre avec le vent.

Ce n'est pas une chose qui rampe au soleil pour la chaleur ou qui creuse des trous dans l'obscurité pour la sécurité,
Mais une chose libre, un esprit qui enveloppe la terre et se meut dans l'éther.

Si ces paroles sont vagues, alors ne cherchez pas à les clarifier.
Vague et nébuleux est le commencement de toutes choses, mais non leur fin,
Et je voudrais que vous vous souveniez de moi comme d'un commencement.

La vie, et tout ce qui vit, est conçue dans la brume et non dans le cristal.
Et qui sait, un cristal n'est-il pas une brume en déclin ?

Ceci, je voudrais que vous vous en souveniez en vous souvenant de moi :
Ce qui semble le plus faible et le plus confus en vous est le plus fort et le plus déterminé.
N'est-ce pas votre souffle qui a érigé et durci la structure de vos os ?
Et n'est-ce pas un rêve que vous ne vous souvenez pas avoir rêvé, qui a bâti votre ville et façonné tout ce qui s'y trouve ?

Si vous pouviez voir les marées de ce souffle, vous cesseriez de voir tout le reste,
Et si vous pouviez entendre le murmure du rêve, vous n'entendriez aucun autre son.

Mais vous ne voyez pas, ni n'entendez, et c'est bien ainsi.

Le voile qui obscurcit vos yeux sera levé par les mains qui l'ont tissé,

Et l'argile qui remplit vos oreilles sera percée par les doigts qui l'ont pétrie.

Et vous verrez.
Et vous entendrez.
Et pourtant, vous ne déplorerez pas d'avoir connu la cécité, ni ne regretterez d'avoir été sourds.
Car en ce jour, vous connaîtrez les desseins cachés en toutes choses,
Et vous bénirez les ténèbres comme vous bénirez la lumière.

Après avoir dit ces choses, il regarda autour de lui, et il vit le pilote de son navire se tenant près du gouvernail, regardant maintenant les voiles gonflées et maintenant au loin.

Et il dit :
Patient, ô combien patient, est le capitaine de mon navire.
Le vent souffle, et les voiles sont agitées ;
Même le gouvernail implore une direction ;
Pourtant, mon capitaine attend calmement mon silence.

Et ces marins, qui ont entendu le chœur de la mer plus grande, ils m'ont aussi entendu patiemment.
Maintenant, ils n'attendront plus.
Je suis prêt.

Le ruisseau a atteint la mer, et une fois de plus la grande mère tient son fils contre son sein.

Adieu à vous, peuple d'Orphalèse.
Ce jour s'est terminé.
Il se referme sur nous, tout comme le nénuphar sur son propre lendemain.

Ce qui nous a été donné ici, nous le garderons,
Et si cela ne suffit pas, alors nous devrons encore nous rassembler et tendre nos mains ensemble vers le donneur.

N'oubliez pas que je reviendrai.

Un peu de temps, et mon désir rassemblera poussière et écume pour un autre corps.

Un peu de temps, un moment de repos sur le vent, et une autre femme me portera.

Adieu à vous et à la jeunesse que j'ai passée avec vous.

C'était hier seulement que nous nous sommes rencontrés dans un rêve.

Vous m'avez chanté dans ma solitude, et j'ai, de vos désirs, bâti une tour dans le ciel.

Mais maintenant notre sommeil s'est enfui et notre rêve est terminé, et ce n'est plus l'aube.

Le midi est sur nous, et notre demi-réveil s'est transformé en jour plus plein, et nous devons nous séparer.

Si, dans le crépuscule du souvenir, nous devions nous revoir, nous parlerons à nouveau ensemble et vous me chanterez une chanson plus profonde.

Et si nos mains se rencontrent dans un autre rêve, nous bâtirons une autre tour dans le ciel.

En disant cela, il fit un signe aux marins, et aussitôt ils levèrent l'ancre et détachèrent le navire de ses amarres, et ils se dirigèrent vers l'est.

Et un cri s'éleva du peuple, comme d'un seul cœur, et il s'éleva dans le crépuscule et fut emporté sur la mer comme un grand son de trompette.

Seule Almitra resta silencieuse, regardant le navire jusqu'à ce qu'il disparaisse dans la brume.

Et quand tout le peuple fut dispersé, elle resta seule sur le mur de la mer, se souvenant dans son cœur de ce qu'il avait dit :

« Un peu de temps, un moment de repos sur le vent, et une autre femme me portera. »

www.ingramcontent.com/pod-product-compliance
Lightning Source LLC
Chambersburg PA
CBHW060448160726
47992CB00003B/1138